W0068390

Dieses Buch gehört:

Hölkers kleine Küchenbibliothek

„Pfälzisch-Saarländische Küchenschätze"

gesammelt und ausprobiert
von Gisela Allkemper

verlegt von

Wolfgang Hölker

ISBN: 3-88117-377-3

© 1984 Verlag Wolfgang Hölker GmbH, Münster
Alle Rechte vorbehalten, auch auszugsweise
Graphische Gestaltung: Rainer Eichler
Printed in Germany by Druckhaus Cramer, Greven
Buchbinderische Verarbeitung: Klemme & Bleimund,
Bielefeld
Musterschutz angemeldet beim Amtsgericht Münster

Inhalt

Vorwort

Allgemein bekannt und viel zitiert ist der Spruch
„Essen und Trinken hält Leib und Seele beisammen".
Viel schöner aber ist das Tischgebet der Pfälzer:
„Ich lobe Dich, Herr,
met Esse en Trinke,
met hoorische Knepp,
Saumage, Worscht, Weck en Wei."
Ein stolzes Gebet! Doch Bodenbeschaffenheit und
Klima geben der Bevölkerung dieses Landstriches
auch allen Grund, den Herrn zu preisen. Sie profitiert
von dem vielzählig angebauten und prächtigen Ge-

müse der Ebenen, von den herrlichen Obstplantagen
und, wie sollte es anders sein, von den Reben und
dem daraus gewonnenen sonnenverwöhnten Wein.
Sowohl die Bergbauern als auch die Arbeiter in der
Industrie konnten ihr bißchen Land für die Selbstver-
sorgung nutzen. Schlicht ging es hier früher zu, aber
herzlich, ja fast überschwenglich war man, wenn es
galt, die Feste des Jahreskreises und des religiösen
Brauchtums zu feiern. Überzeugen Sie sich selbst:
Hier ist versucht worden, ein wenig von dieser
Atmosphäre einzufangen, und der Pfälzer Ausspruch
„Der Mensch hat en Mage, un net for umsonscht!" ist
nicht von ungefähr.

Suppen und Eintopfgerichte

Kappessupp

Diese Suppe ist eine Weißkohlsuppe, denn Weißkohl nennt man hierzulande „Kappes". Es ist das meistangebaute Gemüse, besonders in der Lisdorfer Gegend. Der Kohl wird von den einheimischen Frauen auf dem Markt angeboten. Es gab sogar früher den Saisonberuf des Kappesschneiders, der „Kappeskläs" gerufen wurde. Dieser zog in den Herbstmonaten mit dem Schrotmesser am Seil durch die Dorfstraßen, um ganze Hügel von Kappeshädern (von Kohlköpfen) in riesige Holzbottiche einzuschroten. Meistens trippelte er dann das mit Salz und Wacholderbeeren gewürzte Kraut auch ein, und zwar mit bloßen Füßen, die vorher unter Aufsicht der Hausfrau so lange geschrubbt wurden, bis die Haut sich puterrot färbte. Weit und breit konnte in dieser Zeit niemand so saubere Füße vorzeigen wie der Kappeskläs.

500 g Rindfleisch zum Kochen, 1½ l Wasser, 1 großes Bund Suppengrün, 500 g Kappes, 4 große Kartoffeln, Salz, Pfeffer

Das Rindfleisch wird mit dem Wasser und dem kleingeschnittenen Suppengrün kalt aufgesetzt und muß 1½ Stunden kochen, damit es schön weich ist. Danach nimmt man das Fleisch aus der Brühe – das Suppengemüse soll verkocht sein – und stellt es beiseite. Der Kappes wird in feine Streifen geschnitten, die Kartoffeln werden geschält und gewürfelt und zusammen mit den Kappesstreifen in der Brühe gar

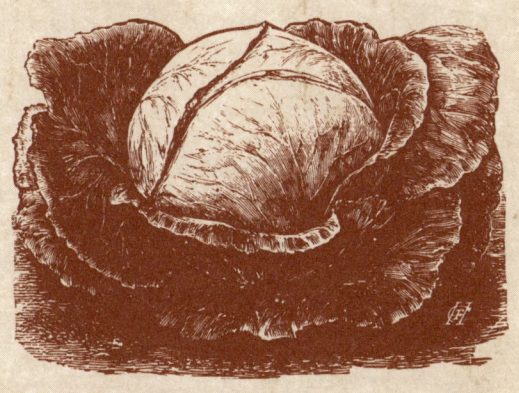

gekocht. Abschmecken mit Salz und Pfeffer. Das Fleisch würfeln und in die Suppe zurückgeben.

Löffelbohnensuppe, auch Bibbelchesbohnesupp genannt

1 kg grüne Bohnen (Stangen- oder Buschbohnen), 500 g Kartoffeln (mehlige Sorte), 1½ l Fleischbrühe, 1 Bund Suppengrün, 1 Stiel Bohnenkraut, ½ Becher Sahne, Salz, Pfeffer

Die abgefädelten Bohnen waschen und in ungefähr 1 cm große Stücke schneiden. Die Kartoffeln schälen, würfeln und mit den Bohnen, dem Suppengrün und Bohnenkraut in der Brühe gar kochen. Mit Salz und Pfeffer abschmecken und mit der Sahne verfeinern. Wer die Suppe gern säuerlich mag, gibt einen Schuß Essig hinein.

Dazu reicht man Kartoffelwaffeln (siehe Seite 71).

In der Gegend um Saarbrücken und Zweibrücken ißt man sogar riesige Stücke Quetschekuche (siehe Seite 103) dazu.

Zwiwwelsupp

„Schon die Zwiwwelsupp allän,
helft manchem Kranke of de Bähn."

1 l Rindfleischbrühe, 200 g Zwiebeln, 60 g Butter, Salz,
Pfeffer, 2 Brötchen vom Vortag

Die Zwiebeln schälen, in Scheiben schneiden und in
der Butter braun rösten. Mit Fleischbrühe ablöschen,
aufkochen und mit Salz und Pfeffer abschmecken. Die
Brötchen in dünne Scheiben schneiden, in den Teller
legen und mit der Suppe übergießen.
Variante:
Die Suppe kann auch noch mit etwas Sahne verfeinert
oder mit gemahlenem Kümmel zusätzlich gewürzt
werden.

Weinsuppe

In einem Weinanbaugebiet wie hier in der Rheinpfalz
und im Saarland liegt es auf der Hand, daß gern mit
Wein gekocht wird. Die Besonderheit dieser Suppe,
einem alten Rezept nachempfunden, liegt in der
Methode des Andickens. Da wird nicht Speisestärke
genommen, sondern Grünkernmehl bevorzugt, das ist
das Getreide aus dem halbreifen Dinkel, den man hier
noch – oder wieder? – zwischen den Weinbergen
anbaut.
Wenn man die Suppe milder bevorzugt, verwendet
man statt eines Weines einen guten Appelviez.

1 l Appelviez oder Weißwein, 80 g Zucker, 1 Stück
Zitronenschale, 1 Zitronenscheibe, 1 Stange Zimt,

*50 g Grünkernmehl, 2 Eigelb, ⅛ l süße Sahne, Zimt und
Zucker zum Bestreuen*

Wein bzw. Viez, Zucker, Zitrone und die Zimtstange
zum Kochen bringen. Das Grünkernmehl mit kaltem
Wasser anrühren und unter ständigem Rühren zu-
geben. Aufkochen lassen, die Zimtstange und die
Zitrone herausnehmen. Das Eigelb mit Sahne verquir-
len und die Suppe damit legieren. Beim Servieren der
Suppe bedient sich jeder nach Geschmack mit Zimt
und Zucker.
In der Pfalz gibt es noch folgende Variante:
Die Suppe in weite Tassen füllen. Recht steifen
Eischnee auf Zwiebäcken turmartig anrichten. Diese
Zwiebäcke jetzt auf die Suppe setzen und schnell im
Backofen bei 250° C überbacken.
Mit Milchwecken und Butter zu Tisch bringen.

Mostsuppe

Auch heute noch gern zubereitet, datiert der Ursprung
dieser Suppe aber aus der Zeit, als die Mostwaage,
welche die Öchslegrade im Most anzeigt, noch nicht
erfunden war. So ließ sich nämlich prüfen, wie gut der
Wein werden könnte: Je weniger Zucker man zur
Suppe brauchte, desto besser, süffiger versprach der
Wein zu werden.

*1 l Traubenmost, 2 Eigelb, 2 Eßlöffel Sahne, Zucker nach
Geschmack*

Der Most wird erhitzt (er darf aber nicht kochen, da er sonst herbe wird), eventuell gesüßt und dann mit dem in Sahne verquirlten Eigelb abgezogen. Weißbrot würfeln, in einer Pfanne rösten, in Suppenteller geben und mit Suppe auffüllen. Man kann auch süßes Kleingebäck, z.B. Makrönchen oder Löffelbisquits, dazu reichen.

Eigene Rezepte

& Notizen:

Fle

Spanferkel, mit Majorankartoffeln gefüllt

Der früher überall beliebte Kirmesbrauch ist hierzulande noch bestens erhalten. Zu keinen Zeiten, auch
auf Luthers Schimpfen hin, daß „Derohalben christ-
liche Obrigkeit von Amts wegen die Kirchweihen,
solch säuisch Gefräß und unordentlich Leben billig
abschaffen und mit harter Strafe wehren soll, als ein
solches Tun, da nichts Gutes jemals auskommen ist!",
ließ man sich in der Lust am Essen beirren. Schwel-
gen und Feiern wurde schon immer dem Fasten vor-
gezogen. Große Kirmesbäume mit bunten Bändern
laden auch heute noch zu geselligem Beisammensein
bei Tanz und Musik ein. Wichtiger Bestandteil solch
einer Kirmesfeier ist der „Emmes", der Imbiß. Große
Schilder „Heute Spanferkel am Spieß" oder „Spieß-
braten" sind Anziehungspunkte für die Familien und
ihre Freunde. Aber nicht nur an den Kirmestagen,
sondern auch an den vielen Familienfesten, die im
Sommer noch draußen an langen Tischen gefeiert
werden, sind Spanferkel am Spieß und Spießbraten-
essen Tradition und Attraktion.

Das Spanferkel am Spieß bereitet man so zu:

1 ganzes Spanferkel, Salz, Pfeffer
Füllung: 2 kg Kartoffeln, 500 g nicht zu fetter Schweine-
bauch, 125 g Leber, 2 Zwiebeln, Fett, Fleischbrühe nach
Bedarf, viel Majoran, Salz, Pfeffer

Das Spanferkel salzen und pfeffern und eine Stunde
lang vorkochen. In der Zwischenzeit wird die Füllung

zubereitet. Dazu werden die Kartoffeln geschält und gekocht. Der Schweinebauch wird ebenfalls gekocht, sollte aber nicht zu weich sein. Nach dem Erkalten schneidet man das Fleisch und die Kartoffeln in kleine Würfel. Die Zwiebeln werden ebenfalls würfelig geschnitten, in etwas Fett goldgelb gebraten und zu den Kartoffeln gegeben. Die rohe Leber wird durch den Fleischwolf gedreht und unter die übrigen Zutaten gemengt. Man gibt soviel Fleischbrühe zu, daß die Füllung ein geschmeidiger Brei ist, dann würzt man mit Pfeffer, Salz und reichlich Majoran. Das vorgekochte Spanferkel wird mit diesem Brei gefüllt, zugenäht und an einen großen Spieß gesteckt. Unter ständigem Drehen des Spießes brät das Spanferkel in etwa 2 ½ Stunden über der Holzkohle. Damit die Kruste besonders schön knusprig und braun wird, pinselt man sie zu Ende der Bratzeit einige Male mit Bier ein. Dazu trinkt man Federweißen oder Viez.

Tip: Wenn Sie keinen großen Spieß besitzen, lassen Sie das Spanferkel bei Ihrem Bäcker braten.

Geißbraten

Jedes Jahr am Pfingstmontag und -dienstag findet in
Deidesheim-Lambrecht das große Geißbockfest mit
der Versteigerung eines Ziegenbocks statt, ein Relikt
aus dem Mittelalter. Der Ursprung dieser Versteigerung geht auf einen Vertrag zurück, der besagt, daß die
Lambrechter Tuchmacher ihr Vieh in einem Teil der
Gemarkung der Gemeinde Deidesheim weiden lassen
durften. Aber sie mußten dafür jedes Jahr einen Ziegen-
bock, sozusagen als Nutzungsentschädigung, an
Deidesheim abgeben. Dieses Recht ist seit 1534 schrift-
lich festgelegt, und selbst Napoleon bestätigte 1808 bei
einem Rechtsstreit die Gültigkeit dieser Abmachung.
Symbolisch werden daher heute einige Ziegen am
Spieß gebraten und verzehrt.
Zubereitung siehe folgende Seite, mit oder ohne
Füllung.

Spießbraten

1½ kg Rindfleisch vom Bug, 250 g Dürrfleisch,
500 g Zwiebeln, 1 Bund Petersilie, Salz, Pfeffer
Marinade: 1 Flasche Rotwein, 2 Lorbeerblätter,
10 Nelken, 1 Bund Suppengrün, je 10 zerstoßene
Wacholderbeeren und Pfefferkörner

Das Fleischstück wird zu einer großen flachen Scheibe
aufgeschnitten. Das Dürrfleisch in dünne Scheiben
schneiden und auf dem Fleisch verteilen. Die Zwiebeln würfeln und das Fleisch dick damit belegen.
Salzen und pfeffern. Nachdem man die feingehackte
Petersilie darüber gestreut hat, wird die Fleischscheibe
aufgerollt und mit Band umwickelt. Aus den übrigen
Zutaten eine Marinade herstellen und die Rolle
24 Stunden darin ziehen lassen. Am anderen Tag
herausnehmen, abtrocknen, salzen und pfeffern und
in einer Gußpfanne 1½ Stunden im Backofen vor-
braten. Sodann wird der Rollbraten auf einen Spieß
gesteckt und über dem Holzkohlenfeuer unter ständigem Drehen noch einmal 1 Stunde lang knusprig
braun gebraten.
Der fertige Braten wird mit Sauce gereicht. Diese ge-
winnt man aus dem Bratensaft. Er wird mit ¼ l Rotwein abgelöscht, aufgekocht und mit Mehl angedickt.
Abgeschmeckt wird mit Salz und Pfeffer. Dazu reicht
man Brot oder Kartoffelsalat. Ein gut gekühltes Bier
gehört unbedingt dazu.
Varianten:
1. Das Fleisch mit Meerrettich oder Majoran ein-

reiben.
2. Statt Rindfleisch Schweinefleisch nehmen, und statt
   mit Petersilie mit Muskat bestreuen.

Gefüllte Rinderbrust

*1¹/₂ kg ausgelöste Rinderbrust, Salz, Pfeffer, Fett zum
Braten, ¹/₄ l Fleischbrühe zum Ablöschen
Füllung: 500 g Hackfleisch vom Rind, ¹/₂ Teelöffel
Thymian, ¹/₂ Teelöffel Majoran, Salz, Pfeffer, Muskat,
1 Bund Petersilie*

Vom Metzger eine Tasche ins Fleisch schneiden
lassen. Hackfleisch mit den Gewürzen und der gehackten Petersilie gut vermengen, in die Tasche füllen
und zunähen. Den Braten rundum salzen und in Fett
schön braun anbraten. Mit etwas Fleischbrühe ablöschen und in den vorgeheizten Backofen schieben.
Bei 250° C auf der unteren Schiene etwa 2 Stunden
garen. Öfter mit Fleischbrühe begießen. Sollte der
Braten vorzeitig dunkel und trocken werden, deckt
man ihn mit Alufolie ab.
Den Bratenfond mit Salz und Pfeffer abschmecken
und eventuell mit etwas Sahne binden.
Mit Blechgrumbeere (siehe Rezept Seite 68) und
Spargel oder frischen Hallimaschen (siehe Rezept
Seite 52) ist die gefüllte Rinderbrust ein richtiges Fest-
essen.

Gefüllter Schweinebauch

Ein besonders typisches Gericht ist der gefüllte
Schweinebauch. Er wird auf die gleiche Weise wie
die gefüllte Rinderbrust zubereitet. Auch dazu ißt man

Blechgrumbeere, als Gemüse aber Rotkraut oder
Rosenkohl.

Schwenkbraten,
auch Schaukelbraten genannt

Schwenkbraten ist ein vielumschwärmtes Gericht,
dem man nachsagt, daß es mit den Edelsteinschleifern
aus Südamerika zu uns gekommen ist. Steinschleifer
aus dem Hunsrück, die ihre Gesellenjahre dort ver-
brachten, um den heimischen Notzeiten zu entgehen,
schauten sich diese Art zu braten von den Wander-
hirten in den Pampas ab.

Im Sommer wird draußen „geschwenkt", im Winter
trifft man sich dazu in den Gaststätten, die einen dafür
geeigneten Kamin haben. Aber es braucht einige Vor-
bereitungen und Vorrichtungen, bis die Gesellschaft
schmausen kann. Laden Sie doch einmal statt zu
einem Grillabend zu einem Schwenkbratenessen ein!
Sie brauchen dazu eine Teppich- oder Turnstange,
daran hängen Sie einen an drei Ketten befestigten
runden Gitterrost. Unter dem Rost werden Buchen-
scheite aufgehäufelt, die man anzündet und über die
man den Rost hin und her schwenkt. Alle sitzen wie
bei einem Lagerfeuer um diesen Rost herum und
schauen beim Schwenken zu.

Das Besondere an der Zubereitung des Fleisches liegt
in der Würzbeize.

*Pro Person nimmt man 1 dickes ausgebeintes Nacken-
kotelett*
Für die Würzbeize rechnet man auf 10 Koteletts:
1 kg Zwiebeln, in Scheiben geschnitten, Salz, Pfeffer,
1 Eßlöffel zerstoßener Thymian, 1 Eßlöffel Oregano,
4 Knoblauchzehen, einige zerriebene Lorbeerblätter,
*1 Teelöffel Nelkenpulver, 15 zerstampfte Wacholder-
beeren, 1 Teelöffel Pimentpulver*

Das Fleisch mit Salz einreiben, die übrigen Gewürze
in einem Schüsselchen mischen. Man schichtet in eine
weite Schüssel abwechselnd eine Lage Zwiebelscheiben, eine Lage Würzmischung, eine Lage Fleisch,
wobei die letzte Lage aus Zwiebelscheiben bestehen
soll. 12–24 Stunden zugedeckt ziehen lassen. Am
anderen Abend das Holz anzünden und den gefette-
ten Rost gut erhitzen. Darauf legt man die aus der
Würzbeize genommenen Fleischstücke und schwenkt
sie durch die Flammen. Zwiebeln, die eventuell noch
haften geblieben sind, wirft man in das Feuer. Jeder
Rost wird etwa 30 Minuten lang – je nach Stärke der
Fleischstücke – geschwenkt. In der Zeit wird das
Fleisch einmal gewendet.

Damit Ihnen und Ihren Gästen der Braten gut
bekommt und die Wartezeit darauf nicht zu lang wird,
sollte ein guter Obstler vorweg gereicht und zum
Braten dann nur noch Weißbrot und Bier angeboten
werden.

Bierbraten

1 kg Rindfleisch vom Bug, 10–15 Speckstreifen zum Spicken, 1 kleine Flasche helles Bier, 50 g Margarine oder Bratfett, 1 Bund Suppengrün, 1 Zwiebel, Salz, Pfeffer, Zucker, 1 Eßlöffel Mehl zum Andicken der Sauce, 1 Gewürzgurke

Das Fleisch mit den Speckstreifen spicken und mit Salz und Pfeffer einreiben. In heißem Fett schön braun anbraten. Das kleingeschnittene Suppengrün und die gewürfelte Zwiebel kurz mit anbraten, dann den Braten mit dem Bier ablöschen und weich schmoren. Ist das Bier zu sehr eingekocht, gießt man etwas heißes Wasser zu. Nach Beendigung der Bratzeit das Fleisch herausnehmen und warm stellen.
Die Sauce wird mit dem Mehl gebunden und mit den Gewürzen und dem Zucker pikant süß-sauer abgeschmeckt. Die Gurke würfeln und in der Sauce ziehen lassen.
Das Fleisch in Scheiben schneiden, auf eine Platte legen und mit einer Kelle Sauce begießen. Dazu ißt man Kärschdscher (siehe Rezept Seite 66) und junges Gemüse, wie z.B. frisch gedöppte Erbsen oder abgefädelte Bohnen.

Pfälzer Saumagen

Wenn im September in Dürkheim der Wurstmarkt gefeiert wird, dann ist das wohl der Gipfel des Wohlbe-

findens. Die Dürkheimer nennen „ihr Fest" das größte
Weinfest der Welt, und nicht nur deshalb, weil es seit
rund 500 Jahren gefeiert wird. Lange Umzüge mit ge-
schmückten Schubkarren erinnern an die Zeit, als die
Winzer ihren Wein auf solchen Karren zum Wurstmarkt schafften, um ihn dort zu verkaufen.
Schoppenweise (1 Schoppen = ½ l) schenken die Wirte
den jungen Wein aus. Auf dem Marktplatz an langen
Tischen, in Zelten und an dem übergroßen sogenannten Dürkheimer Faß gibt es nicht nur Wein zu trinken,
sondern auch Würste jedweder Art zu speisen. Der
absolute Renner und auch das Symbol für die Pfalz ist
der Saumagen.

Kaum eine Hausfrau bereitet ihn noch selbst zu,
obwohl die Arbeit lohnen würde. Er ist aber in jeder
Metzgerei zu kaufen, und in Gaststätten, nicht nur in
Dürkheim, ist er ein beliebtes Gericht, das man frisch
gekocht mit Sauerkraut oder nach dem Erkalten in
Scheiben geschnitten und gebraten serviert bekommt.
Die Beliebtheit des Saumagens hat Karl August Woll
in seinem „Saumagenlied" verewigt. Hier einige Aus-
züge daraus:

Diese Sachen – sprach der Sechste –
Kenn' ich alle sehr genau,
Doch es geht mir über alles
Stets der Magen einer Sau.

Gut gefüllt, wie sich's gebührt,
Hergerichtet mit Verstand,
Ißt ihn froh bei Weib und Kinde
Jeder Unterthan im Land!

Und es stimmt der Leberlober,
Wurst- und Schnußverehrer ein:
„Saumagen ist das Beste,
Dieser Füllsel – Edelstein!"

1 Schweinemagen
Füllung: 500 g Dürrfleisch, 500 g magerer Schweine-
bauch, 500 g Bratwurstmasse, 500 g Kartoffeln, 2 Zwie-
beln, Majoran, Thymian, Nelkenpulver, Salz, Pfeffer

Man bestellt beim Metzger einen gereinigten
Schweinemagen. Das Dürrfleisch und der Schweinebauch werden in ½ cm große Würfel geschnitten.

Die Kartoffeln schälen, waschen und ebenfalls in
½ cm große Würfel schneiden. Diese Zutaten mit der
Bratwurstmasse, den Zwiebelwürfeln und den Gewürzen verkneten und pikant abschmecken. Locker in
den Saumagen füllen und diesen zunähen. In kochen-
des Wasser geben und bei mäßiger Hitze (80° C)
ca. 4 Stunden lang ziehen lassen. In kaltem Wasser
abschrecken und zum Auskühlen an die frische Luft
hängen. Zum Braten in Scheiben schneiden und mit
Sauerkraut zu Tisch bringen.
Dazu schmeckt ein kräftiges Bier.

Falsche Lewwerknepp

Leberknödel werden in der Pfalz, im Saarland und
überhaupt in ganz Süddeutschland gerne gegessen.
Bei jeder „Kerwe", jeder „Kerb" (Kirmes), ganz gleich
in welcher Gegend, gehören sie dazu. „Kerbemontag"
wird „Gekochtes mit Kraut" gegessen, das sind gekochte Schweinsfüßchen, Leiterchen (dünne Ripp-
chen) und Schweinebruststücke, und „Kerbedienstag"
gibt es überall, ob daheim oder im „Wertshaus",
Lewwerknepp mit Kraut. In manchen Gegenden
werden zu den „Lewwerknepp" ausgeschmelzte Dörr-
fleischwürfel samt Bratfett gegessen oder eine dunkle
„Zwiwwelsoß", aber auch wohl eine dickliche Fleisch-
sauce.
Die falschen Leberknödel sind deshalb so beliebt in
der Bevölkerung, weil sie weniger Arbeit machen und
schneller zu erstehen sind, denn Hackfleisch gibt's
immer, gute Leber aber – oder auch vorgekochte
Leberknödel – gibt's beim Metzger nicht jeden Tag,
ganz abgesehen vom Preis.

*250 g Hackfleisch, 250 g Leberwurst, 1 Ei, 1 Brötchen,
etwas Salz und Majoran, Salzwasser*

Das Hackfleisch mit der Leberwurst, dem Ei und Salz
verkneten. Das Brötchen in wenig Milch einweichen,
ausdrücken und unterkneten. Würzen, mit dem Eßlöffel Klöße abstechen und in das kochende Salzwasser geben. 15 Minuten gar ziehen lassen, mit der
Schöpfkelle herausnehmen und mit Specksauce über-

gießen. Zu diesen „Lewwerknepp" gibt es gekochtes
Sauerkraut.
Die Brühe der Lewwerknepp ergibt eine wunderbare
Suppe. Reste der Klöße kann man in die Suppe
schneiden, oder aber – in Scheiben geschnitten – in
der Pfanne braten und mit viel Speck-Kartoffel-Salat
als vollständiges Abendbrot reichen.

Zwiebelbraten aus Saarlouis

1 kg Zwiebeln, 2 Eßlöffel Butter, 375 g Pfälzer Leber-
wurst zum Braten, 2 Eier, 2 Eßlöffel Milch, Pfeffer,
Muskat, Majoran, Salz

Die Zwiebeln schälen und in Scheiben schneiden.

In einem nicht zu großen ovalen Gußbräter die Butter auslassen und die Zwiebeln darin anbraten. Unter häufigem Wenden goldgelb werden lassen. Erst jetzt kommt die in feine Scheiben geschnittene Leberwurst dazu, die ebenfalls durchbraten muß. Die Eier mit der Milch verquirlen, würzen und darüber gießen. Den Deckel auflegen und stocken lassen. Diesen „Braten" auf eine Platte stürzen.

Eingelegte Flauzen

Eingelegte Flauzen, das ist Kuhpansen, stehen in fast
jeder Gaststätte in großen Gläsern hinter der Theke.
Man kann sie portionsweise mit Brot bestellen. Eben-
so häufig findet man daneben aber auch Gläser mit
Ochsenmaulsalat, der auf die gleiche Weise zubereitet
ist. Wenn Sie die Flauzen selber einlegen wollen, ist es
ratsam, sie schon abgekocht beim Metzger zu kaufen,
weil die Vorarbeiten viel Mühe und Zeit kosten. Die
Flauzen werden in feine Streifen geschnitten, abwechselnd mit viel Zwiebelscheiben in ein Glas geschichtet
und mit folgender Sauce übergossen:

*4 Eßlöffel Öl, 6 Eßlöffel Essig, 2 Eßlöffel Wasser, Salz,
viel Pfeffer*

3 Tage durchziehen lassen.
Variante: Nelken und Lorbeerblätter mit einschichten.

Saure Lyoner

Was den Westfalen der Schinken, ist den Pfälzern und
Saarländern die Lyoner: eine Fleischwurst mit leich-
tem Knoblauchgeschmack. Sie wird als Zwischen-
mahlzeit aus der Hand zu einem Stück Brot gegessen
oder als Salat angerichtet als Abendbrotbeilage.

1 Ring Lyoner
*Salatsauce: 6 Eßlöffel Essig, 2 Eßlöffel Wasser, 4 Eßlöffel
Öl, Salz, Pfeffer, 1 Prise Zucker, viel Petersilie, 2 Zwiebeln*

Die Lyoner wird in 7 cm große Stücke geschnitten
und abgepellt. Die Stücke werden der Länge nach
durchgeschnitten und mit der Schnittfläche nach
unten auf ein Brettchen gelegt. Die Wurststücke einige
Male quer einschneiden, aber nicht durchschneiden.
Aus den obigen Zutaten eine französische Salatsauce
anrühren und über die in eine Salatschüssel geschich-
teten Lyoner gießen. Gut durchziehen lassen.

Dibbehas

Das Wort „Dibbe" steht rheinländisch für Topf. Das
Gericht ist also ein im Topf geschmorter Hase.

*1 bratfertiger Hase, 50 g Fett, 500 g Dürrfleisch,
4 Zwiebeln, $\frac{1}{2}$ l Fleischbrühe, Salz, $\frac{1}{2}$ Knoblauchzehe,
6 Pfefferkörner, 4 Wacholderbeeren, je 1 Messerspitze
Thymian, Majoran, Piment, Kümmel, Koriander,
Fenchel, 2 Nelken, 2 Lorbeerblätter, 1$\frac{1}{2}$ kg Salatkar-
toffeln, 1 Tasse Blut, etwas Paniermehl*

Der Hase wird in handtellergroße Stücke geteilt, ge-
salzen und mit einigen Scheiben Dürrfleisch, dem
Bratfett und 2 Zwiebeln kurz angebraten. Man löscht
mit Brühe ab, gibt die Gewürze zu und schmort das
Fleisch bei geschlossenem Deckel halb gar. In der
Zwischenzeit schält man die Kartoffeln und schneidet
sie in dicke Scheiben. Nach etwa 45 Minuten Schmor-
zeit füllt man das Gericht in einen gut schließenden
Topf, und zwar schichtweise wie folgt:

1 Lage Dürrfleischscheiben, 1 Lage Hasenteile, 1 Lage Zwiebelwürfel, 1 Lage Kartoffelscheiben. Die letzte Lage sollte aus Dürrfleischscheiben bestehen. Den Bratensatz siebt man durch, vermengt ihn mit Blut und Paniermehl und gießt ihn vorsichtig an das Gericht. Den Deckel auflegen und bei kleiner Flamme

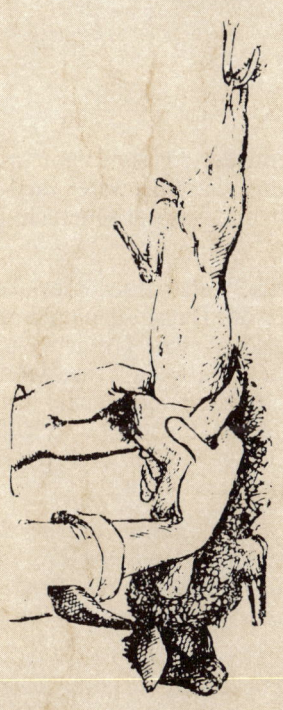

fest verschlossen (eventuell den Deckel mit etwas Brotteig abdichten) noch etwa 45 Minuten langsam im Ofen schmoren lassen.

Früher brachte man das Gericht im Topf auf den Tisch. Sie können es aber auch in eine vorgewärmte Schüssel füllen. Es wird ohne weitere Zutaten serviert.

Hasenpastete

Ursprünglich diente diese Pastete dem Strecken eines Hasenbratens, denn vielzählig waren die Mägen, die es zu stopfen galt, und was war schon ein Hase für so viele?!

Diese Art der Fleischzubereitung entwickelte sich unter den Händen der Hausfrauen und mit ein bißchen Phantasie bald zu einer Köstlichkeit. Da Weizenmehl zum Binden zu aufwendig war, nahm man ursprünglich Buchweizen oder Dinkel. Und wenn man mal den Kostenfaktor außer acht läßt, diese Mehlsorten sind viel herzhafter und zur Geschmacksbereicherung sehr gut geeignet.

750 g Hasenfleisch, 250 g durchwachsener Schweinenacken, 1 Zwiebel, 1 Knoblauchzehe, 1 Ei, 1 Eßlöffel gehackte Petersilie, $\frac{1}{8}$ l Fleischbrühe, Mehl nach Bedarf, Salz, Pfeffer, 6 dünne Scheiben fetter Speck, 1 Glas Weinbrand

Fleisch und Zwiebel durch die grobe Scheibe des

Fleischwolfs treiben. Den Knoblauch zerdrücken, mit
dem Ei und der Petersilie zugeben. Alle diese Zutaten
mit einem Teil der kalten Fleischbrühe und mit soviel
Mehl binden, daß ein geschmeidiger Teig entsteht.
Kräftig würzen. Eine Pastetenform mit Speck aus-
legen. Den Teig einfüllen. Mit Speck abdecken. Den
Rest der Fleischbrühe und Weinbrand angießen. Im
vorgeheizten Ofen im Wasserbad (180–200° C) zugedeckt etwa 1–1½ Stunden garen. Das Fett abschöpfen
und die Pastete noch warm zu Brot essen.

Gefüllte Wildente

Um die Jahrhundertwende waren große Teile des
Saarlandes Sumpfgebiete mit zahlreichen Moor-
teichen. Durch die Flurbereinigung und den Bau von
Autobahnen sind diese Gebiete trockengelegt worden.
Deshalb gibt es seit der Zeit weniger Flugwild. In den
letzten Jahren wurden etliche Stauweiher angelegt, um

dem Flugwild einen neuen Lebensraum zu schaffen. –
Das folgende Rezept stammt noch aus Großmutters
Kochbuch.

4 Wildenten, einige Scheiben Speck, Salz, Pfeffer
Füllung: 2 große säuerliche Äpfel, 4 Eßlöffel in Rum
eingeweichte Rosinen, 4 Eßlöffel gehackte Mandeln,
etwas Ingwerpulver
Zum Braten: 60 g Butter, 2 Zwiebeln, 4 Wacholder-
beeren, $\frac{1}{4}$ l Appelviez, eventuell $\frac{1}{4}$ l Wasser,
2 zerstoßende Zwiebäcke

Die küchenfertigen Wildenten salzen und pfeffern.
Die Äpfel schälen, vom Kerngehäuse befreien und
in kleine Würfel schneiden. Rosinen, Äpfel und Mandeln gut mischen, mit wenig Ingwerpulver würzen und
in die Enten füllen. Diese zunähen, mit Speck um-
wickeln und mit den Wacholderbeeren in der Butter
rundum anbraten. Kurz vor Ende der Bratzeit gibt

man die gewürfelten Zwiebeln zu und löscht mit
Appelviez ab. In den vorgeheizten Backofen schieben,
bei 225° C etwa 45 Minuten schmoren lassen, wobei
die Wildenten zwischendurch begossen werden. Sollte
die Flüssigkeit zu stark einkochen, wird mit etwas
Wasser aufgefüllt. Die fertigen Wildenten werden auf
einer Platte warm gestellt. Die Sauce wird mit zer-
stoßenen Zwiebäcken angedickt. Den Speck von den
Enten abnehmen, diese zerteilen, die Fruchtfüllung
neben die Enten legen. Die Ententeile mit der Sauce
überziehen.

Eigene Rezepte

& Notizen:

Fischgerichte

Wormser Backfisch

In Worms, wer weiß es nicht, steht man auf ge-
schichtsträchtigem Boden. Der Dom, ein romanisch-
gotischer Bau, löste die Marktbasilika mit ihrem
Tempelbezirk und Forum der Römer ab. Die Nibelun-
gen waren hier zu Hause, und Luther tat vor dem
Reichstag daselbst seinen unvergessenen Ausspruch:
„Hier stehe ich, ich kann nicht anders, Gott helfe mir.
Amen."
Aber darüber hinaus weiß Worms seine Besucher
durch Feste und Feiern an sich zu binden. Ein
Beispiel dafür ist das Backfischfest im August. Da
fließt der Wein in Strömen, und Fische werden gebraten und gegessen, als ob es sie nirgendwo köst-
licher gäbe. Aber Hand aufs Herz, wem mundet der
Backfisch in der frischen Luft, in der Gemeinschaft
nicht besser als zu Hause im Kämmerlein. Das Fest
geht auf den mittelalterlichen Brauch der Schifferzunft
zurück, ein Stechen der Besten, das seine Ursprünge
sicherlich in den Turnierbräuchen des Mittelalters und
um die Fischereirechte im Rhein zu suchen hat. Die
trockensten Fischer mit dem größten Stehvermögen
siegten im Kampf um die besten Verkaufsplätze auf
dem Markt. Heute hat das Fest nur noch folkloristi-
sche Bedeutung, und man hört in diesen Tagen häufig
den Ruf: „Ein Backfisch gebraten, ein Backfisch
geküßt."

Kleine Karpfen oder große Weißfische, Salz, Pfeffer,
Mehl, Fett zum Braten

Die Fische schuppen und ausnehmen, mit Salz und Pfeffer einreiben und in Mehl wenden. In heißem Fett braten. Dazu gibt es auf dem Backfischfest nur Brot, zu Hause aber bilden die Backfische mit Kartoffelsalat oder in Butter geschwenkten Salzkartoffeln eine vollständige Mahlzeit.

Aal in Weinsauce

1 Flußaal, Saft von einer Zitrone, $\frac{1}{2}$ l Wein, $\frac{1}{4}$ l Wasser, Salz, Zitronensaft, 2 dicke Zwiebeln, 3 Nelken, 2 Lorbeerblätter

Den Aal vorbereiten und mit wenig Zitronensaft beträufeln. Wein und Wasser mit dem Zitronensaft, Salz, den Zwiebeln, Nelken und Lorbeerblättern aufkochen. Den Aal darin ziehen lassen, bis er gar ist. Auf eine längliche, vorgewärmte Platte legen, mit ausgelassener Butter beträufeln und mit Petersilie und Zitronenachteln garnieren.

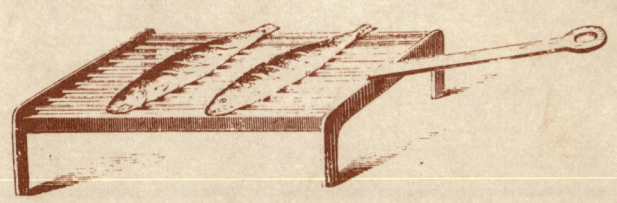

Eigene Rezepte

& Notizen:

Gemüse und Salate

Gebratene Hallimasche

Die zahlreichen Wälder bieten eine Fülle an Pilzen.
Sie werden gern als willkommene Beilage gesammelt
und bereichern den Küchenzettel erheblich. Ein sehr
häufig vorkommender Pilz ist der Hallimasch, der an
Baumstümpfen und -wurzeln wächst. Er braucht – wie
fast alle Pilze – viel Feuchtigkeit und kann von Juli bis
zum Spätherbst gesammelt werden. Roh ist er giftig,
gekocht aber schmeckt er köstlich. Er läßt sich gut einkochen bzw. einsäuern.

1 kg Hallimasche, Salz, Pfeffer, 2 Zwiebeln, 1 Bund
Petersilie, 2 Eßlöffel Butter zum Braten

Die Pilze putzen und waschen, eventuell einmal
durchschneiden. In der Gußpfanne mit Butter und
Zwiebelwürfelchen dünsten, würzen und mit gehack-
ter Petersilie bestreut zu Tisch bringen. Dazu ißt man
Kartoffelbrei.

Hallimasche in Öl

Auf 1 kg Pilze rechnet man:
1 l Wasser, $^1/_2$ l Essig, 2 Bund Dill, 2 Teelöffel ge-
trockneter Thymian, 2 Lorbeerblätter, 1 Teelöffel Salz,
2–3 Teelöffel Korianderkörner, 1 große Flasche Olivenöl

Die Pilze waschen und putzen. Wasser, Essig und
die Gewürze, außer dem Koriander, zum Kochen
bringen. Die Pilze in den Sud geben und 15 Minuten

kochen lassen. Danach sollen die Pilze im verschlosse-
nen Topf gar ziehen. Der Sud wird abgegossen, die
Pilze läßt man in einem Sieb abtropfen und auskühlen.
Danach schichtet man Pilze und Koriander abwechselnd in ein großes Einmachglas. Mit Öl begießen, bis
alle Pilze bedeckt sind. Fest verschließen! Die Hallimasche schmecken nach einigen Tagen schon köstlich, halten sich aber 3–4 Monate. Sie sind eine würzi-
ge Beilage zu kaltem Fleisch, oder auch zu Kärschdscher (siehe Rezept Seite 66). Man nimmt sie aus der
Marinade, läßt sie abtropfen und beträufelt sie vor
dem Verzehr höchstens noch einmal mit Essig.

„Käschte"

„Neie en Käschte" (neuer Wein und Kastanien), das
ist in den Weinbaugebieten der Pfalz und an der Saar
ein herbstliches Standardgericht. Der neue Wein oder
der Federweiße und dazu geröstete Kastanien, heiß
und frisch vom Grill, das sind Köstlichkeiten, bei
denen jeder Pfälzer und Saarländer ins Schwärmen
gerät. Aber auch als Gemüse und zu Füllungen sind
Maronen hier beliebt. Stellvertretend für die vielen
Rezepte erfindungsreicher Hausfrauen steht dieses:

*1 kg Maronen, 40 g Butter, 1 Teelöffel Zucker, 20 g Mehl,
$\frac{1}{8}$ l Fleischbrühe, $\frac{1}{8}$ l süße Sahne, Salz, Pfeffer*

Die Kastanien kreuzweise einschneiden. Dann in
einen Topf geben, mit Wasser bedecken und zum

Kochen bringen. Ungefähr 20 Minuten kochen lassen,
dann abgießen und mit kaltem Wasser abschrecken.
Die äußere feste Schale und die dünne braune Haut
darunter sorgfältig abziehen. In einem Topf die Butter
zerlassen. Den Zucker darin braun anlaufen lassen.
In die kochende Fleischbrühe rühren. Jetzt die Hitze
reduzieren und das Kastaniengemüse einige Minuten
leicht „köcheln" lassen. Danach mit Salz und Pfeffer
abschmecken und mit der süßen Sahne legieren.

Linsengemüse

Ein Fastengericht, das früher ohne Fleisch und nur zu
Kartoffeln (gleich welcher Zubereitungsart) gereicht
wurde!

*250 g getrocknete Linsen, 2 Zwiebeln, Bratfett, $\frac{1}{4}$ l
Fleischbrühe, 1 Eßlöffel Weinessig, 1 Eßlöffel Mehl, Salz,
Pfeffer*

Die Linsen waschen und mit kaltem Wasser bedeckt
eine Nacht quellen lassen.
Am nächsten Tag die Linsen in dem Einweichwasser
gar kochen. Die Zwiebeln schälen und würfeln und in
ausgelassenem Fett hellgelb andünsten. Die Fleischbrühe, den Essig und das Mehl verquirlen, an das Fett
geben und aufkochen lassen. Mit Salz und Pfeffer
würzen. Die weichgekochten Linsen abgießen und
mit der Sauce vermischen.

Lauch mit Bratwurst

Lauch und Bratwurst, das ist nicht nur in der Pfalz und
im Saarland eine klassische Komposition, sie wird hier
aber besonders lecker angerichtet.

*8 dicke Stangen Lauch, 500 g Bratwurst, 40 g Fett zum
Braten, $\frac{1}{8}$ l Fleischbrühe, Salz, Pfeffer, Muskat*

Der geputzte und gewaschene Lauch wird in 2 cm
große Stücke geschnitten und mit wenig Fleischbrühe

bei kleiner Flamme gedünstet. Währenddessen brät
man die Wurst in dem Fett schön knusprig braun aus.
In Scheibchen schneiden und mit dem Fett unter das
fertige Lauchgemüse mischen. Mit Salz, Pfeffer und
Muskat abschmecken und zu Kartoffelbrei essen.
Da dieses Gericht durstig macht, empfehlen wir ein
kräftiges Bier dazu.

Löwenzahnsalat „Bettsejer"

Der erste frische Salat, den die Natur im zeitigen Früh-
jahr kostenlos anbietet, ist der Löwenzahn. Sucht man
ihn sich selbst, so sticht man die Pflänzchen in den
Wiesen, wenn das Herz noch gelblichweiß ist. Hat die
Pflanze schon Blüten angesetzt, ist sie nicht mehr ver-
wendbar. Will man sich der Mühe des Löwenzahn-
stechens nicht unterziehen, so kann man ihn auch auf
jedem Wochenmarkt erstehen. Der Salat schmeckt
herzhaft, aber bitter. Er ist gesund, denn man schreibt
ihm eine blutreinigende und harntreibende Wirkung
zu, besonders wenn er zum Abendbrot gegessen wird.

500 g Löwenzahn
Sauce: Salz, Pfeffer, 1 Zwiebel, 2 hartgekochte Eier,
6 Eßlöffel Essig, 2 Eßlöffel Wasser, 4 Eßlöffel Öl

Die Blätter in mundgerechte Stücke zupfen, waschen
und eine Weile in Wasser liegen lassen. Damit wird
bewirkt, daß die Bitterstoffe aus dem Löwenzahn
gezogen werden. Abtropfen lassen. Eine Salatsauce
bereiten: Die hartgekochten Eigelb durch ein Haarsieb

streichen und mit Essig, dem Wasser und dem Öl glatt rühren. Salzen und pfeffern. Die Zwiebeln und das Eiweiß würfeln und mit den Salatblättchen unter die Sauce heben. In manchen Familien wird der Salat noch mit ausgebratenen Speckwürfeln angereichert.

Kartoffel-Löwenzahn-Salat

500 g gekochte Kartoffeln, 250 g Löwenzahn, 1 hartge-kochtes Ei

Sauce: 1 Zwiebel (gewürfelt), 1 Eßlöffel Senf, Pfeffer, Salz, 1 Prise Zucker, ⅛ l Sahne, 1 Eigelb, hartgekocht und zerdrückt

Die gekochten, erkalteten Kartoffeln in Würfel schneiden. Den Löwenzahn behandeln wie im vorherigen Rezept. Die Zutaten für die Sauce verrühren. Diese Sauce über die Kartoffelwürfel und das gehackte Ei gießen und gut durchziehen lassen. Kurz vor dem Servieren hebt man den Löwenzahn darunter.

Schnittlauchsalat

Will man hierzulande auf dem Wochenmarkt Petersilie oder Schnittlauch kaufen, so fällt auf, daß ein Bund dieser Kräuter 3–4 mal so dick ist wie in anderen Bundesländern.

3 dicke Bund Schnittlauch, 8 hartgekochte Eier, Salatsauce (s. Bettsejer Seite 56, aber angereichert mit ⅛ l Sahne)

Den Schnittlauch putzen und in ½ cm große Röllchen schneiden. Diese überbrüht man in einem Sieb mit heißem Wasser, damit der scharfe Geschmack etwas gemildert wird. Gut abtropfen lassen. Währenddessen würfelt man die hartgekochten Eier und gibt die Schnittlauchröllchen dazu. Mit Salatsauce übergießen und gut mischen. Meistens ißt man diesen Salat zu gebratenen Kartoffeln als warmes Abendbrot. Variante: Salatsauce mit viel Senf anmachen.

Eigene Rezepte

Notizen:

Kartoffelgerichte

Immer dann, und überall da, wo die Not das Haus-
haltsgeld zuteilt, ist die Kartoffel ein beliebter, weil
preiswerter „Schüsselfüller". Und Kartoffeln gab es in
früheren Zeiten bei gutem Boden und besten klima-
tischen Bedingungen reichlich. Vielzählig waren die
Familienmitglieder der Bürstenbinder, Köhler, Holz-
fäller und Flößer, die es zu sättigen galt. Spötter, aber
auch nur solche, die nicht ahnten, welchem Einfalls-
reichtum der Zubereitung die Kartoffel ausgesetzt war,
witzelten über diese köstliche Knolle (in Abänderung
des Liedes „Ein Jäger aus Kurpfalz, der reitet durch
den grünen Wald . . .")

Ein Jäger aus Kurpfalz,
Der stolpert iwwer de Grumbeeresack
Un brecht dabei de Hals.
Ju ja, ju ja,
Der stolpert iwwer de Grumbeeresack
Un brecht dabei de Hals!

Wein-Kartoffeln

Ein typisches Pfälzer Gericht, das als einfaches Haupt-
gericht oder als Beilage zu Wild- oder Schweinebraten
köstlich schmeckt.

*1 kg Kartoffeln, 2 Zwiebeln, 3 Eßlöffel Schweineschmalz,
1 Glas Weißwein, $\frac{1}{8}$ l Fleischbrühe, 1 Lorbeerblatt, Salz
und Pfeffer*

Die Kartoffeln schälen, waschen und in dünne
Scheiben schneiden. Die Zwiebeln schälen und
würfeln. Das Fett erhitzen, die Zwiebelwürfel darin
goldgelb anbraten. Dann die trockenen Kartoffelscheiben zugeben und bei starker Hitze unter häufigem Wenden anbraten. Dabei sollen sich braune
Krüstchen bilden. Wein, Fleischbrühe, das Lorbeerblatt zugeben, 20 Minuten bei geschlossenem Topf
dünsten, bis die Kartoffelscheiben fast gar sind.
Danach bei offenem Topf die Flüssigkeit einkochen
lassen. Das Lorbeerblatt herausnehmen, das Gericht
mit Salz und Pfeffer würzen.

Kärschdscher

heißen im Saarland die Bratkartoffeln, in der Pfalz
nennt man sie Franzosenkartoffeln, da sie geschmack-
lich an Pommes frites erinnern. Sie werden aus rohen
Kartoffeln bereitet.

1 kg Kartoffeln, 3–4 Eßlöffel Öl oder Schmalz, Salz

Die geschälten und gewaschenen Kartoffeln in Scheiben oder grobe Würfel schneiden. Das Fett läßt man
in einem Gußbräter heiß werden und gibt die Kartoffelwürfel hinein. Man schließt den Bräter mit einem
Deckel, damit die Kärschdscher weich werden. Nach
10 Minuten nimmt man den Deckel vom Topf und
läßt die Würfel unter öfterem Wenden schön kroß
werden. Die Kärschdscher nun mit einem Schaumlöffel herausnehmen, das Fett abtropfen lassen, salzen.
Sie schmecken im Sommer herrlich zu Buttermilch
oder zu Hallimaschen in Öl.

Gefüllte Kartoffeln

*8 große Kartoffeln, 200 g Bratenreste, 50 g geräucherter
Schinken, 50 g Butter, 1 kleine Zwiebel, 1 Prise Pfeffer,
Salz und Muskat, 1 Eßlöffel gehackte Petersilie, $\frac{1}{8}$ l
Bratensaft, $\frac{1}{4}$ l Fleischbrühe*

Die Kartoffeln schälen und auf einer Seite begradigen,
damit sie stehen können. Oben ein Deckelchen ab-
schneiden und aushöhlen. Bratenreste und Schinken

werden durch den Fleischwolf gedreht. Die Zwiebel
fein hacken und mit dem durchgedrehten Fleisch in
der Butter anbraten. Mit dem Bratensaft vom Vortrag
ablöschen. Abschmecken mit Salz, Pfeffer und
Muskat und mit der gehackten Petersilie vermengen.
Den Saft läßt man einkochen, füllt die Kartoffeln mit
dem Fleisch und legt die Deckelchen wieder auf.
Diese gefüllten Kartoffeln setzt man nun in eine ge-
butterte Auflaufform, gießt Fleischbrühe dazu und
läßt die Kartoffeln im vorgeheizten Backofen
45–60 Minuten bei 250° C garen.
Dazu reicht man Hallimasche oder einen Salat der
Saison.

Blechgrumbeere

1½ kg Kartoffeln, 350 g Dürrfleisch, Salz, Pfeffer

Die Kartoffeln schälen und würfelig schneiden. Den Speck ebenfalls würfeln. Die Grumbeere auf ein gefettetes Backblech legen, mit den Speckwürfeln bestreuen, schwach salzen und pfeffern und im vorgeheizten Ofen goldgelb abbacken.
Dazu gibt es Apfelmus oder Schnittlauchsalat (siehe Rezept Seite 58).

Schwalbennester

Ein praktisches Essen, das sich gut vorbereiten läßt, das außerdem aus einem Rest Kartoffelbrei ein vollständiges Gericht macht, ist dieser Auflauf.

1 kg mehlige Kartoffeln, Salz, ¼–½ l Milch, etwas Muskatnuß, 1 Stück Butter, 1 Eigelb,
pro Person: 1 Ei, 150 g gekochter Schinken oder Lyoner

Die Kartoffeln schälen, würfelig schneiden und in Salzwasser garen. Die Milch erhitzen. Die heißen Kartoffeln durch eine Presse drücken oder stampfen, mit der Milch zu einem glatten Brei verrühren und mit dem Eigelb und der Butter verfeinern. Mit geriebenem Muskat würzen. Diesen Brei füllt man in eine gefettete, feuerfeste Form und drückt so viele Vertiefungen in die Masse, als man Eier verwenden will. Man schlägt die Eier auf, läßt sie in die Vertiefungen gleiten

und salzt sie. Den Schinken würfeln, darüberstreuen
und im Backofen 15–20 Minuten backen.
Dazu gibt es Salat.

Schales und Dibbelabbes

Diese beiden Gerichte sind zwar besonders im Rheinland bekannt, aber auch in der Pfalz und an der Saar
gehören sie zum festen Bestand des Kochprogramms
und sind als die Nationalgerichte anzusehen. Am
besten gelingen sie in gußeisernen Brätern, die im
Saarland hergestellt werden und in jedem Haushalt zu
finden sind. Schales und Dibbelabbes haben fast die
gleichen Zutaten, aber Schales ist ein Kartoffelkuchen,
der, im Backofen gebacken, am Boden eine braune
Kruste ansetzt. Dibbelabbes wird im Topf auf dem
Herd zubereitet. Durch das häufige Umwenden und
Zerpflücken der Masse entstehen im Topf viele Kar-
toffelkrüstchen.

Schales

*2 kg Kartoffeln, 2 Stangen Lauch, Salz, Pfeffer, 1 Ei,
250 g Dürrfleisch*

Die rohen Kartoffeln reiben und fest ausdrücken. Das
Ei und den feingehackten Lauch untermengen und
mit Salz und Pfeffer abschmecken. Das Dürrfleisch in
kleine Würfel schneiden und in einem Gußbräter aus-

lassen. Die Kartoffelmasse einfüllen. Den Bräter in den vorgeheizten Backofen schieben. Den Schales backt man 1 Stunde lang bei 200° C schön knusprig braun aus.

Will man die Masse fester haben, so rührt man unter den rohen Teig noch einige Eßlöffel Mehl. Man serviert Schales mit Apfelkompott, eingekochten Birnen oder Salat.

1. Variante: Man kann das Dürrfleisch auch durch Leberwurst ersetzen.

2. Variante: Den rohen Teig, in der Pfanne zu kleinen Kuchen ausgebacken, nennt man Grumbeerkiechelcher.

Dibbelabbes

2 kg Kartoffeln, 2 Zwiebeln, Salz, Pfeffer, 1 Ei, 4 Eßlöffel Öl

Die rohen Kartoffeln reiben und fest ausdrücken.
Die Zwiebeln schälen, reiben und mit dem Salz, dem
Pfeffer und dem Ei unter den Teig mengen. Das Öl in
einem Gußbräter erhitzen, die Kartoffelmasse einfüllen, anbraten, häufig umwenden und zerpflücken,
damit sich viele Krüstchen bilden können.

Kartoffel- oder Speckwaffeln

Diese Waffeln sind ein typisches Gericht aus dem
Ostertal. Sie sind dort so beliebt, daß die Männer sie
sogar anstelle von Schichtenbroten mit zur Arbeit
nehmen.

*2$\frac{1}{2}$ kg Kartoffeln, 5–6 Eßlöffel Mehl, 5 Eier, Salz,
Pfeffer, 2 Stangen Lauch, 15 g Hefe, 10–15 dünne Scheiben Dürrfleisch*

Die Kartoffeln schälen, reiben und durch ein Tuch
drücken. Den Lauch waschen, fein schneiden und mit
den Eiern und dem Mehl zu dem Teig geben. Mit Salz
und Pfeffer abschmecken. Die mit etwas Salz angerührte Hefe wird unter den Teig gemengt, damit dieser
schön locker ist.
Zum Ausbacken der Waffeln bevorzugt man ein
rechteckiges Eisen. Dieses wird gut vorgeheizt und

gefettet. Auf die untere Hälfte legt man dünne Dürrfleischscheiben und gibt je Waffel einen Eßlöffel Teig
darauf. Das Eisen schließen, und die Waffeln goldbraun backen. Sie werden warm zu einer kräftigen
Suppe gegessen oder kalt auf Brotscheiben.

Iwwer die Platt' Geschmelzde

*1½ kg Kartoffeln, Salz, 3 große Zwiebeln, 3 Eßlöffel
Butter*

Die Kartoffeln schälen und in Stifte schneiden.
In Salzwasser nicht zu weich kochen. Mit dem
Schaumlöffel herausnehmen und in eine flache Schüssel (Platt) legen. Während die Kartoffeln kochen,
werden die geschnittenen Zwiebeln in dem Fett
knusprig braun ausgebraten. Dieses Zwiebelfett gibt
man über die Kartoffeln.
An gewöhnlichen Arbeitstagen ißt man – um zu
sparen – diese Geschmelzde nur mit Salat. Sonntags
gibt es dazu noch heißen Fleischkäse oder eine
Lyoner.

Klöße (Grundrezept)

Im Saarland heißen die Klöße „Knepp". Sie unter-
scheiden sich in ihrer Zubereitung sicherlich nicht
wesentlich von denen im übrigen Deutschland. Auf-
fallend aber sind die verschiedenen Formen und

Namen. Die gekochten Knepp werden – rundgeformt –
Schneebällcher genannt, länglich geformt haben sie,
wie in Schwaben, den originellen Namen „Buwespitz-
le". Die aus rohen und gekochten Kartoffeln zuberei-
teten Klöße sind – rundgeformt – „Hoorische"
(Haarige), länglich heißen sie „Stracke" (Gestreckte).

*1½ kg rohe Kartoffeln, 1 kg gekochte Kartoffeln vom
Vortag, 2 Eier, Salz*

Die rohen Kartoffeln reiben und fest ausdrücken.
Die gekochten Kartoffeln durch einen Fleischwolf
drehen und mit den roh geriebenen Kartoffeln vermengen. Die Eier unterrühren, salzen, zu löffelgroßen
Klößen formen und in kochendem Salzwasser
20–25 Minuten gar ziehen lassen.

Gefüllte

Da „Gefüllte" schwer im Magen liegen, nennt man sie
auch wohl „Herzdriggerte", nach deren Verzehr man
gut daran tut, einen Obstler zu trinken.
Die Teigmenge und ihre Zubereitung ist wie zuvor
beschrieben. Weil diese Klöße aber gefüllt werden,
fallen sie natürlich größer aus.

*Füllung: 500 g Rinderhackfleisch, 4 Eßlöffel Milch, Salz,
Pfeffer, Majoran, 40 g Fett zum Braten*

Das Hackfleisch in dem heißen Fett krümelig anbraten und mit der Milch ablöschen. Aufkochen und
würzen. Auskühlen lassen und die Klöße damit füllen.

Die Klöße werden so groß gehalten, daß man von einem Kloß satt wird. In Salzwasser 30 Minuten lang garen. Die Klöße in eine Schüssel legen und mit einer Specksauce begießen. Gut schmeckt auch statt der Specksauce eine Schnittlauchsauce dazu.
Dazu Rotkohl oder Sauerkraut reichen.

Teig-Variante: Feingehackter Lauch oder feingehackte Petersilie einarbeiten.
Füllungs-Variante: Statt Hackfleisch Pfälzer Leberwurst einfüllen.

Verheiratete

Da man Kartoffeln und Mehlknepp zusammen in

eine Schüssel schichtet, nennt man dieses Gericht
„Verheiratete".

750 g Kartoffeln, Salzwasser, 500 g Mehl, ¼ l Wasser,
2 Eier, 2 l Wasser, 1 Teelöffel Salz
Sauce: 150 g geräucherter Speck, ⅛ l Milch

Die Kartoffeln schälen, stiftig schneiden und in Salzwasser garen. Aus Mehl, Wasser und Eiern einen zäh-
flüssigen Teig herstellen. Das Wasser mit Salz aufkochen, den Teig eßlöffelweise in das Wasser geben
und 5 Minuten ziehen lassen. Den würfelig geschnittenen Speck brät man aus und vermischt ihn mit der
Milch. In eine vorgewärmte Schüssel schichtet man
nun wechselweise Kartoffelstifte und Mehlknepp und
übergießt sie mit der Speck-Milch-Sauce.
Dazu ißt man Bettsejer (siehe Rezept Seite 56).

Eigene Rezepte

Notizen:

Käsezubereitungen

Noch bis vor einigen Jahren gab es zum Frühstück
hauptsächlich die sogenannte „Kaffeesupp" – das ist
eine große Kumpe Malzkaffee mit Milch und Zucker
und Mischbrotbrocken darin – oder Schmeer mit
selbstgemachtem Käse. Die einen liebten mehr die
süßliche Richtung, nämlich den weißen Käs' (das ist
Quark), beträufelt mit Akazienhonig oder bestrichen
mit Marmelade. In anderen Familien wurde aus
Ziegenmilch – weniger aus Kuhmilch, da es kaum
Kühe gab – Käse gewonnen oder aus preiswertem
Limburger ein Kochkäse hergestellt. Den Ziegenkäse
bot man auch wohl abendlichen Gästen zu einem
Glas Wein in Verbindung mit Brezeln an, oder aber zu
„Grumbeere", dann diente er als preiswertes Mittags-
gericht.

Handkäse von Ziegenmilch

Ähnlich wie die Lambrechter Geißbockversteigerung
geht auch das Loschter Handkäsfest auf die Beziehun-
gen zwischen den Gemeinden Germersheim und Lu-
stadt zurück, wonach die Lustädter ihre Weiderechte
mit einer jährlichen Käseabgabe zu bezahlen hatten.
Dickgewordene Ziegenmilch wird leicht erhitzt, damit
sich die Molke vom Quark absetzt. Der Quark wird in
ein Tuch eingeschlagen, dieses wird fest zugebunden
und in einen Baum gehängt. Dort läßt man das Säck-
chen 2–3 Tage austropfen. Danach würzt man den
Frischkäse mit Salz und Kümmel und preßt ihn in

runde Förmchen, die etwa handtellergroß sind.
Diese sogenannten Handkäse stürzt man auf ein mit
Essig getränktes Tuch, schlägt sie darin ein und läßt sie
so 4–6 Wochen reifen. Sie sind gut, wenn sie außen
gelb (angefault) sind.

Bevorzugt man den Ziegenkäse als Frischkäse, dann
wird er sofort nach dem Würzen gegessen.

Eingelegter Handkäse „Dippekas"

*Pro Person 1–2 Ringe Handkäse, 1 Tasse Apfelwein,
2 cl Weizenkorn, 1 Eßlöffel Kümmel*

Den Käse in einzelnen Ringen nebeneinander in ein
flaches Gefäß legen und mit der Marinade übergießen,
abdecken und 3–4 Tage bei normaler Zimmertempera-
tur stehen lassen. Zu Bauernbrot essen, dazu Korn
und Bier trinken.

Handkäs' mit „Musik"

Pro Person: 1–2 Ringe Handkäse
Die Musik pro Handkäse (die Betonung bei Musik liegt
auf der 1. Silbe): 2 große Zwiebeln (in Würfeln),
4 Eßlöffel Öl, 2 Eßlöffel Essig, Salz, Pfeffer
Dazu: Bauernbrot, Bier und Schnaps

Den Käse in Scheiben schneiden und mit der „Musik"
überträufeln. Etwa 1 Stunde ziehen lassen. Wer den
Geschmack recht intensiv haben möchte, zerdrückt
den Käse in der Musik, streicht die Masse aufs Brot
und – – genießt.

Kochkäse

250 g Limburger, 1 Eßlöffel Butter, 1 Eigelb, 1 Eßlöffel
Mehl, 1–2 Teelöffel Kümmel, $\frac{1}{8}$ l Milch

Die Butter läßt man in einem Topf heiß werden,
schneidet den Limburger in Stücke und gibt ihn in
das Fett. So lange rühren, bis der Käse zerlaufen ist.
Das Ei mit Mehl, Milch und Kümmel verschlagen und
unter den Käse rühren, bis die Masse steif zu werden
beginnt. Der Käse wird in einen Steinguttopf gefüllt
und nach dem Erkalten auf einen Teller gestürzt.
Anmerkung: Wer den Käse milder essen möchte,
nimmt bei gleicher Zutatenmenge nur 125 g Limburger.

Eigene Rezepte
& Notizen:

Weincreme

In einem Land, in dem sich viel Tradition um den Wein rankt und gern mit Wein gekocht wird, darf natürlich auch ein Nachtisch aus (oder mit) Wein nicht fehlen.

½ l leichter Weißwein, 125 g Zucker, 4 Eier (getrennt), etwas Zimtpulver, 1 Eßlöffel Speisestärke

Den Wein und den Zucker mischen und bis kurz vor den Siedepunkt bringen. Die Eigelb mit dem Zimt und der Stärke verquirlen. Die Eiweiß steif schlagen. Unter ständigem Schlagen die Eigelb in den Wein rühren, bis eine cremige Masse entsteht. Nach dem Abkühlen den Eischnee locker unterheben.
Gut durchkühlen lassen.

Apfelschaumspeise

Während im Westen des Saarlandes die Apfelplantagen vorherrschen, findet man weiter östlich im Westrich und um Homburg häufig große Kirschplantagen. Das Obst wird gern zu Schnäpsen gebrannt, bildet aber auch Grundlage für manchen leckeren Nachtisch.
Hier ein Rezept aus der umfangreichen Sammlung an Apfelzubereitungen:

375 g Apfelmus, 3 Eigelb, 3 Eiweiß (zu Schnee geschlagen), 75 g Zucker, 1 Glas Weißwein, 1 Päckchen gemahlene weiße Gelatine

Die Eigelb werden mit dem Zucker schaumig geschlagen. Dann gibt man das Apfelmus und den Wein
hinzu, löst die Gelatine auf und dickt die Speise damit
an. Wenn sie fest zu werden beginnt, zieht man den
steifen Eischnee unter.

Edenkobener Auflauf

Edenkoben, eine schöne alte Winzerstadt, gab diesem
Nachtisch seinen Namen. Er wird warm gegessen, und
wenn man ihn besonders festlich präsentieren will,
reicht man noch ein Gläschen Aprikosenlikör dazu.

*4 Milchbrötchen, in feine Scheiben geschnitten, 4 Eigelb,
¼ l Milch, ¼ l Sahne, 1 Gläschen Aprikosenlikör,
Korinthen oder Rosinen, 60 g Zucker, Zimt nach
Belieben
Zum Überbacken: 4 Eiweiß, 40 g Zucker, 2 Eßlöffel Apri-
kosenmarmelade, geblätterte Mandeln*

Milch, Sahne, Eigelb, Likör, Korinthen, Zucker und
Zimt verquirlen und über die in Scheiben geschnittenen Milchbrötchen gießen. 1 Stunde ziehen lassen und
dann mit dem Handmixer zu einer cremigen Masse
verrühren. Eine Auflaufform fetten, die Masse einfüllen und bei 180° C etwa 50 Minuten backen.
Die Eiweiß inzwischen mit dem Zucker süßen und
steif schlagen. Den Auflauf zunächst dünn mit der
Marmelade, dann dick mit dem Eischnee bestreichen.
Mit den Mandelblättchen bestreuen. Goldbraun
überbacken.

Portugieser Birnen

Eine der meistangebauten Rebsorten ist der blaue
Portugieser. Der aus dieser Traube gewonnene Wein

ist lieblich, süffig und mild. Da er nicht sehr schwer ist und gut bekommt, wird er als Tischwein bevorzugt oder zum Kochen genommen.

6–8 nicht ganz reife, feste Birnen, etwas Speisestärke
Sud: ³/₈ l Portugieser Rotwein, ¹/₈ l Wasser, Saft von
1 Zitrone, 60 g Zucker, je 1 Messerspitze Zimt, Nelken-
pulver

Die Birnen schälen, halbieren und das Kerngehäuse
heraushöhlen. Den Sud aufkochen. Die Birnen mit
einer Schaumkelle einlegen und weich kochen.
Vorsichtig herausnehmen und nebeneinander in eine
flache Schüssel legen. Den Sud etwas einkochen
lassen, mit wenig Speisestärke nachdicken und über
die Birnen gießen. Sie sollten ganz bedeckt sein.
Möglichst für einen Tag im Kühlschrank durchziehen
lassen.

Blaue-Trauben-Marmelade

Da Weintrauben unterschiedlich in der Saftgewinnung
sind, kann man hier nicht die Traubenmenge angeben.

*Faustregel: Auf 1 l Traubensaft rechnet man 1 kg Gelier-
zucker.*

Das Rezept: Die Trauben waschen und in dem Saft
von 2 Zitronen weich kochen. Durch ein Haarsieb
streichen und dabei die Schalen gut ausdrücken.
Mit Gelierzucker (Menge s.o.) verrühren und 4 Minuten sprudelnd kochen lassen. In heiß ausgespülte
Gläser füllen und diese verschließen.

Marmeladentopf

Dazu braucht man verschiedene Obstsorten, wie z.B.
je 1 kg Erdbeeren, Heidelbeeren, Kirschen, Aprikosen,

Mirabellen und Zwetschgen. Wie bei einem Rumtopf, fängt man mit den Erdbeeren an. Diese werden verlesen, gewaschen und mit etwas Zucker bestreut, damit sie Saft ziehen. Anschließend läßt man die Erdbeeren mit 375 g Zucker bei kleiner Flamme ca. 45 Minuten köcheln. Den Topf vom Feuer nehmen, 1 Messerspitze Einmachhilfe unterrühren und die Marmelade heiß in einen Steinguttopf gießen. Nach dem Erkalten den Topf mit einem sauberen Tuch abdecken. Dann folgt je nach Jahreszeit das andere Obst. Man bereitet es genauso zu wie die Erdbeeren. Jede Obstsorte rührt man heiß unter die bereits fertige, erkaltete Marmelade. Den Abschluß bilden die Zwetschgen.

Anmerkung: Die Früchte dürfen nicht ganz zerkochen! Die festeren Sorten sollten aber vorher noch etwas zerkleinert werden.

Lattwerg

Birnen- und Pflaumenmus nennt man im Saarland „Lattwerg" oder in manchen Orten auch „Lachsem". Früher kochte man es in großen Mengen ein, denn die Obstplantagen lieferten genügend Früchte, um den Bedarf an Mus und Kompott für ein ganzes Jahr zu decken. Riesige Kupferkessel voll Lattwerg brodelten in den Waschküchen und, da das Mus 12 Stunden kochen mußte, rührte man es eine ganze Nacht lang, damit es nicht anbrannte. Das Rühren und Überwachen war vornehmlich die Aufgabe der jungen

Leute, die sich mit Obstler und Bier die Zeit verkürzten. Zur Belohnung bekam jeder Helfer morgens ein Töpfchen Lattwerg mit nach Hause.

Pflaumen-Lattwerg

5 kg Zwetschgen, 1 kg Zucker, 1 Stange Zimt, etwas Anis

Die Früchte werden gewaschen, entsteint und durch den Fleischwolf gedreht. Mit etwas Wasser ansetzen und zum Kochen bringen. Die Gewürze und den Zucker nach und nach einrühren. 12 Stunden sachte köcheln lassen. Heiß in Steinguttöpfe füllen und im Backofen noch einmal nachkochen, so daß die obere Schicht überkrustet ist. Danach den Topf mit einem Leinentuch abdecken und zubinden.

Eingelegte grüne Walnüsse

1 kg frische Walnüsse (ohne Schale), 1 kg Zucker, 1 l Weinessig, 1 Ingwerwurzel, 4 Gewürznelken, 1 Stange Zimt

Die Nüsse in eine mit Wasser gefüllte Schüssel legen und einweichen. Die Haut abziehen, die Nüsse in frischem Wasser weich kochen. In einem anderen Topf Zucker, Essig und die Gewürze aufkochen. Die Nüsse abtropfen lassen und in den Sud einlegen. Danach mit der abgekühlten Flüssigkeit in ausgespülte

Einmachgläser füllen und mit Einmachhaut ver-
schließen.
Diese Nüsse schmecken gut zu Wildgerichten,
Fondue oder zum Tee.

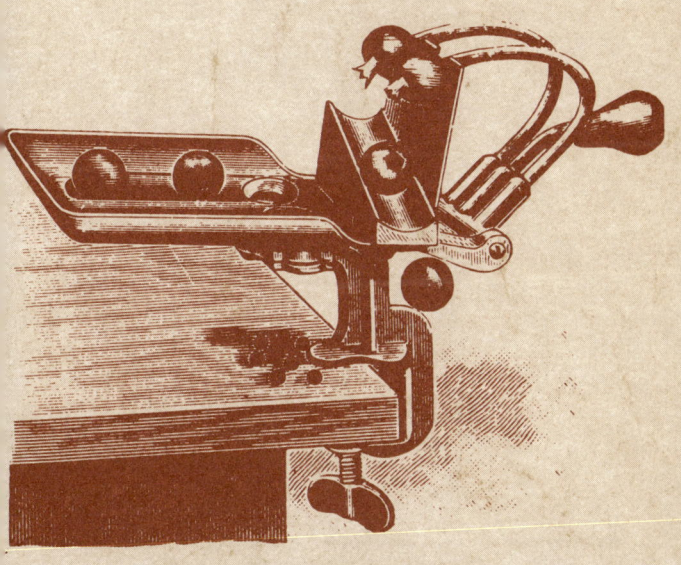

Eigene Rezepte

Notizen:

Kuchen und Gebäck

„Pälzer Zwiwwelkuche"

Wer hart arbeitet, soll auch fröhlich feiern dürfen!
Nach diesem Motto lebt es sich in der Pfalz und im
Saarland nicht schlecht. Viele Feste bestimmen seit
Jahrhunderten den jeweiligen Jahreskalender, so z.B.
ist auch das „Fest des Federweißen" im Oktober in
Diedesfeld ein Ereignis. Der Duft von Federweißem
(das ist frischer, vergorener Wein), Trester (Schnaps
aus der Traubenmaische) und Zwiebelkuchen hängt
überall in den Straßen, läßt fröhliche Leute einkehren
und noch fröhlicher nach Hause gehen – aber spät,
sehr spät.

*500 g Mehl, 40 g Hefe, 1/2 Teelöffel Salz, 1/4 Teelöffel
Zucker, knapp 1/4 l Milch oder Wasser, 60 g Schmalz
Belag: 1 kg Zwiebeln, etwas Fett zum Anbraten (even-
tuell auch einige Würfel aus Dürrfleisch), Salz, Pfeffer,
Kümmel, 2 Becher Rahm (1/2 l), 3 Eier, 1 Teelöffel
Speisestärke*

Die Hefe mit Salz, Zucker und etwas warmer Milch
oder warmem Wasser verrühren. In das Mehl eine
kleine Vertiefung drücken, die angerührte Hefe
hineingeben und mit wenig Mehl vermengen. Diesen
sogenannten Vorteig gehen lassen. Dann mit den
angewärmten Zutaten verkneten und nochmals gehen
lassen. Danach erneut durchkneten, auf einem mit
Backpapier ausgelegten Blech ausrollen und wiederum
gehen lassen. Inzwischen die Zwiebeln schälen und in
Ringe oder große Würfel schneiden. Etwas Fett in der

Pfanne auslassen, die Zwiebeln darin glasig schmoren
und danach würzen.
Den Teig 10 Minuten vorbacken. Danach die
Zwiebeln darauf streichen. Den Rahm mit den Eiern
und der Stärke verquirlen, leicht salzen, über die
Zwiebeln gießen und dabei mit einer Gabel leicht
unterheben. Goldgelb bei 200° C überbacken.
Tip: Wenn Sie es herzhafter mögen, dann braten Sie
mit den Zwiebeln Dürrfleischwürfel an.

Saarbrücker Speckkuchen

*Hefeteig: 500 g Mehl, 40 g Hefe, 1 Teelöffel Zucker,
$^1/_8$ l warme Milch, 80 g zerlassene Butter, 1 Ei, 1 Teelöffel Salz*
*Belag: 375 g Dürrfleisch, 2 Eigelb, 4 Teelöffel Kümmel,
1 Eßlöffel grobes Salz*

Den Teig nach dem Grundrezept Seite 98 zubereiten,
ausrollen und auf ein gefettetes und bemehltes Blech
legen. Gehen lassen. Danach mit einem Messer kleine

Quadrate einritzen. Die Oberfläche mit Eigelb bestreichen. Das Dürrfleisch in Würfel schneiden und
über den Teig verteilen. Besonders in die Schnitt-
punkte setzt man je 1 oder 2 Dürrfleischwürfel.
Mit Salz und Kümmel bestreuen und schön braun
backen. Man ißt den Speckkuchen warm zu Wein
oder zum Federweißen.

Daarler Brezel

Kennen Sie diese dünnen, außen knusprigen, innen
weichen, großen Brezel aus dem Saarland? Sie werden
hauptsächlich in Daarl hergestellt, aber im ganzen
Saarland mengenweise verkauft und geknabbert.
Sie sind neben dem Kranzkuchen das beliebteste
Gebäck. Man kann sie an jeder Straßenecke und auf
den Märkten kaufen. Die Herstellung der Brezel ist
ein wenig kompliziert, aber es lohnt sich, sie auszu-
probieren:

*Teig: 500 g Mehl, 40 g Hefe, 1 Teelöffel Zucker,
$\frac{1}{8}$ l Wasser oder Milch, 2 Eier, 1 Prise Salz, 125 g Butter
Lauge: 100 g Soda (Apotheke), 1 l Wasser
Garnitur: 1 Eigelb zum Bestreichen, grobes Salz zum
Bestreuen*

Aus den Zutaten wird nach dem Grundrezept (siehe
Rezept Seite 98) ein geschmeidiger Hefeteig ge-
arbeitet. Nachdem er aufgegangen ist, formt man
daraus 20 cm lange und nicht ganz fingerdicke Brezel,

legt sie auf eine bemehlte Unterlage und läßt sie
erneut gehen. Soda im Wasser klar kochen.
Die Brezel einzeln hineingleiten lassen und einmal
sprudelnd aufkochen. Dann sofort herausnehmen und
auf ein gefettetes Backblech legen. Mit Eigelb bestreichen und mit grobem Salz bestreuen. Bei 220° C
knapp 20 Minuten abbacken, damit sie außen zwar
hellbraun, innen aber noch schön weich sind. Herausnehmen und möglichst frisch zu Wein knabbern.

Gebildbrote: Puppen und Hasen

Während man am Niederrhein, im Rheinland und in
Westfalen Spekulatiusplätzchen und Stutenkerle zum
Nikolausfest backt und verschenkt, bringt in der Pfalz
und im Saarland der Nikolaus Puppen und Hasen.
Die Hasen, als Sinnbild der Fruchtbarkeit, sind für die
Jungen; die Puppen für die Mädchen. Die Gebildbrote
sind eindeutig germanisch-heidnischen Ursprungs.
Die germanischen Priesterinnen formten zur Jul-Feier
aus süßem Kuchenteig Tiere, die den Göttern heilig
waren, backten sie im Tempel ab und verteilten sie an
das Volk.

Backen Sie doch auch einmal Puppen und Hasen!
Ihre Kinder werden sich freuen. Dazu müssen Sie
allerdings vorher 20 cm große Schablonen anfertigen,
nach denen Sie den Teig ausrädeln. Nach dem Abbacken „streichen" Sie die Gebildbrote mit farbigem
Zuckerguß schön bunt an, z.B. das Gesicht der Pup-

pen rosa mit schwarzen Augen aus Lakritz, das Röck-
chen grün usw.

*500 g Mehl, 1 Teelöffel Salz, 160 g Fett, 160 g Zucker,
2 Eier, 40 g Hefe, ⅛ l Milch, etwas Zitronenöl*

Aus den Zutaten einen festen Hefeteig herstellen, ausrollen und zu Puppen und Hasen ausrädeln. Auf ein
gefettetes und bemehltes Backblech legen, gehen
lassen und bei 180° C etwa 20 Minuten hellgelb abbacken. Wenn Sie die Gebildbrote nicht „anmalen"
wollen, dann stecken Sie vor dem Abbacken Rosinen
als Augen und Knöpfe in den Teig und kerben auch
einige Linien, z.B. die Hasenbeine, hinein.

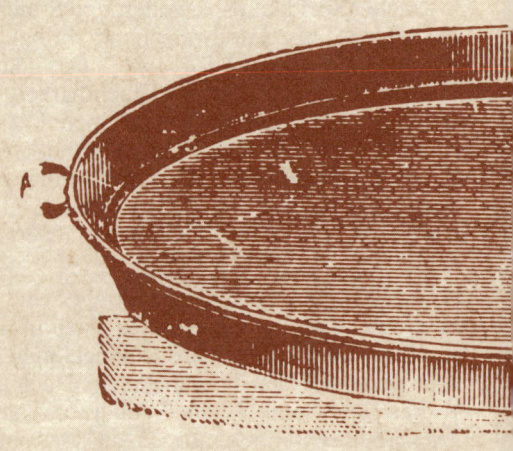

Quetschekuche

Im Saarland nennt man alle Obstkuchen „Fladen",
weil sie so groß gebacken werden, daß sie kaum in
einen normalen Backofen passen, sondern fast immer
beim Bäcker abgebacken werden. Das gilt vor allem
für den Pflaumenkuchen „Quetschekuche". Sein Teig
ist ein mittelfester Hefeteig, sehr groß und rund ausge-
rollt. Diesen Teig belegt man dicht mit Zwetschgen-
hälften und läßt ihn abbacken. In der Saarbrücker und
Zweibrücker Gegend ißt man ihn nicht nur zur
Kaffeezeit, sondern er ist dort unentbehrlich zur
Bibbelchesbohnesupp oder Löffelbohnensuppe.

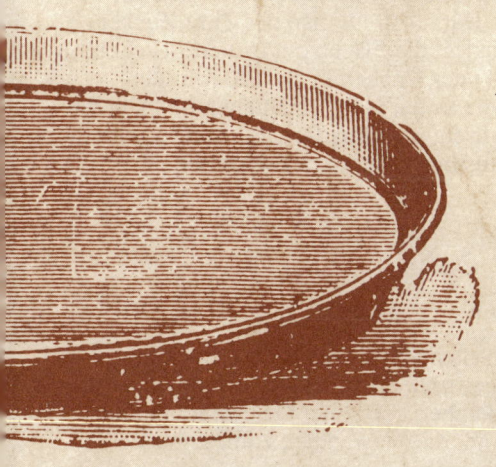

Da stehen mittags ein großer Topf Suppe und der große Fladen auf dem Tisch. Für Nicht-Saarländer fast undenkbar, aber die Saarländer schwören drauf!

Zimtkuchen

250 g Mehl, 20 g Hefe, knapp ⅛ l Milch, 1 Prise Salz, 60 g Butter, 60 g Zucker, 1 Ei, 5 Eßlöffel Zucker-Zimt-Gemisch, 60 g Butter zusätzlich

Den Teig vorbereiten, wie auf Seite 98 beschrieben. Nach dem Aufgehen schneidet man mit einem spitzen Messer den Teig halbtief ein, und zwar so, daß ein Gitter entsteht. Darauf streut man das Zimt-Zucker-Gemisch und belegt die Fläche mit Butterflöckchen. Bei 220° C backt der Kuchen in etwa 20 Minuten. Dabei brodelt die Butter auf dem Kuchen und läßt die Zimt-Zucker-Mischung schmelzen. Abgekühlt wird der Kuchen knusprig. Möglichst frisch essen.

Kranzkuchen

Blättert man in alten Chroniken nach Bräuchen, Trink- und Eßgewohnheiten bei Festen, so fällt es auf, daß der Kranzkuchen bei keiner Gelegenheit fehlte. Wenn zur Kirmes die Verwandten kamen, wurde nicht nur Kranzkuchen serviert, sondern jeder bekam noch ein Stück mit auf den Weg. Zur Hochzeit bestellte man beim Bäcker riesengroße Kränze, und bei den vielen Nachbarschaftsfesten wurde der Kranzkuchen zu Bier und Wein in riesigen Mengen verzehrt. Eine besondere Stellung nimmt er auch heute um die Weihnachtszeit ein, denn zwischen Weihnachten und Neujahr geht immer noch jedes Kind zu seinen Paten, dem Patt und der Good, um frohe Weihnachten und ein gutes neues Jahr zu wünschen. Dabei bekommt es von den Paten einen relativ kleinen Kranzkuchen (Klein-Neujahr), aber in dem Jahr der Schulentlassung einen großen Kranzkuchen (Groß-Neujahr). In dem letzteren, der so groß wie eine Platte ist, wird ein versteckter Span eingebacken. Man sagt, das Patenkind wird „entspänt", d.h. aus der Obhut der Paten entlassen. Im Bliestal backt man statt des Spans ein Püppchen mit doppeltem Kopf ein.

1 kg Mehl, 40 g Hefe, 150 g Butter oder Margarine, 200 g Zucker, 2 Eier, $\frac{1}{4}$–$\frac{1}{2}$ l Milch, 1 Teelöffel Salz, etwas abgeriebene Zitronenschale, 1 Ei zum Bestreichen

Nach dem Grundrezept auf Seite 98 einen nicht zu weichen Teig arbeiten. Nach dem Aufgehen teilt man ihn in 3 oder 4 Teile, rollt jeden Teil mit der Hand zu einer dünnen Rolle aus und flechtet sie zu einem dicken Zopf. Diesen Zopf legt man auf ein gefettetes Backblech und zwar so, daß Anfang und Ende verbunden werden und ein geflochtener Kranz entsteht.

Man bestreicht ihn mit Eigelb und backt ihn bei guter
Hitze etwa 1–1½ Stunden ab.

„Proscht Neijohr, e Brezel wie e Scheierdor,
e Kuche wie e Oweplatt
do werre ma all metnanner satt!"

Zimtwaffeln

Dafür gibt es ein besonderes Waffeleisen. Es ist recht-
eckig und in 6 Flächen unterteilt.

*250 g Mehl, 125 g Butter, 2 Eier, 200 g Zucker, 65 g
gemahlene Mandeln, 10 g Zimt, nach Belieben ½ Glas
Cognac oder 1 Eßlöffel Rum*

Butter, Zucker, Eier werden schaumig gerührt, dann
gibt man die gemahlenen Mandeln und den Zimt
dazu. Nun wird das Mehl untergehoben, bis ein steifer
Teig entsteht. Eine rechteckige Eiserkuchenform ein-
fetten und erhitzen (früher nahm man eine gußeiserne
Form).
Mit einem Teelöffel sticht man vom Teig walnußgroße
Stück ab und setzt sie auf jedes Feld des heißen
Eisens. Nun klappt man das Eisen zusammen, drückt
es fest an und läßt die Waffeln bei Stufe 3 schön goldbraun ausbacken. Nach dem Herausnehmen werden
die Waffeln auseinandergebrochen und beschnitten.

Eigene Rezepte
& Notizen:

Suppen und Eintopfgerichte

Fleisch-, Wurst- und Wildgerichte

Register

Fischgerichte

Gemüse und Salate

Kartoffelgerichte

Käsezubereitungen

Desserts und eingemachtes Obst

Register

Kuchen und Gebäck

In dieser Reihe sind erschienen:

Fragen Sie Ihren Buchhändler oder schreiben Sie uns: Wir schicken Ihnen gern unser Verlagsverzeichnis.